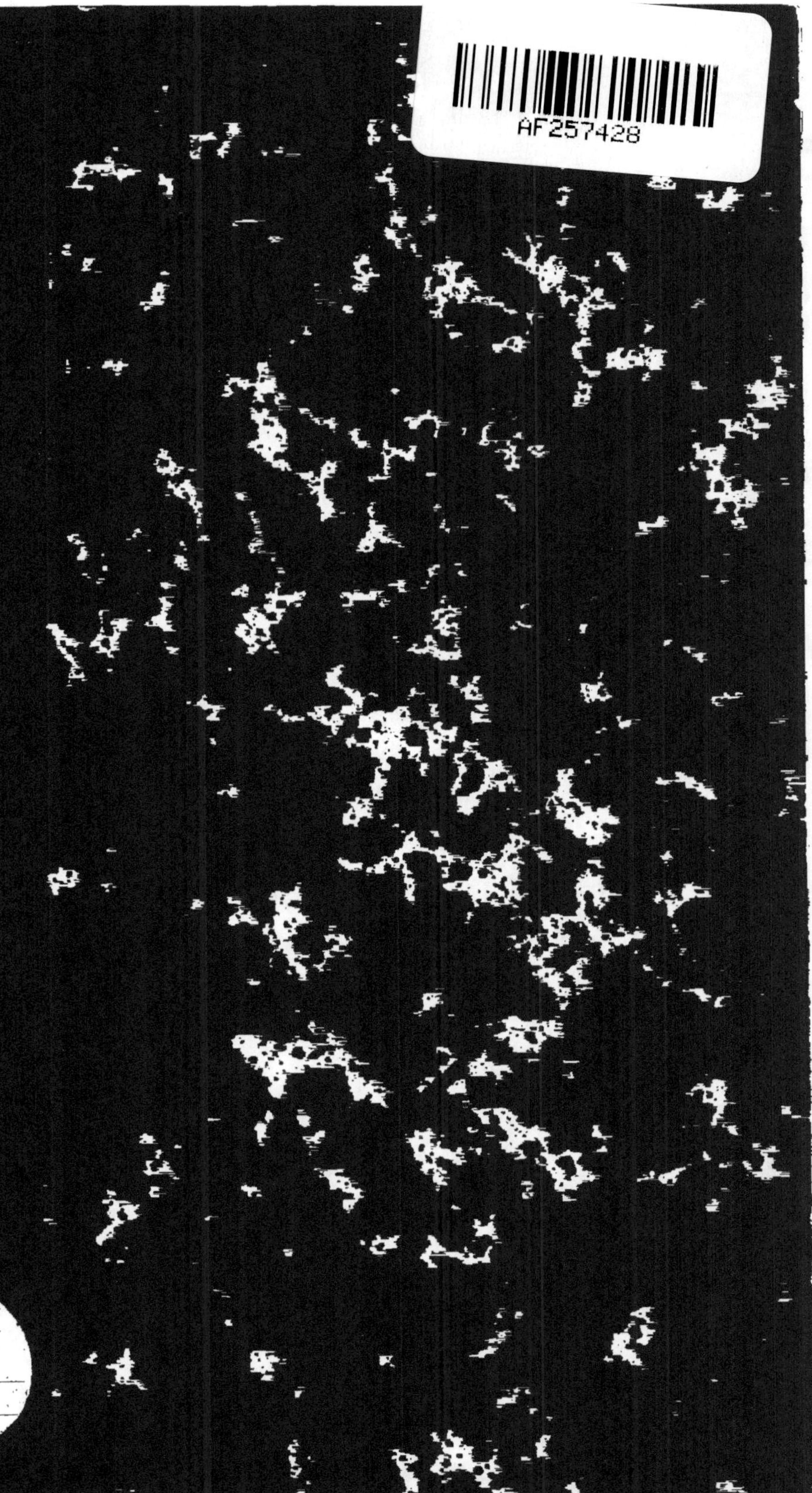

AF257428

MOYEN INFAILLIBLE

DE

PROSPÉRITÉ PUBLIQUE

ET PARTICULIÈRE:

Par une Société de Gens de Lettres
et d'Affaires.

A PARIS,

A l'Imprimerie Bibliographique, rue des
Ménestriers-Saint-Martin, N°. 607.

Et chez les Marchands de Nouveautés.

L'an V de la République.

N O T E.

Ce projet a été présenté au Conseil des Cinq-Cents le 29 frimaire dernier : quelques journaux ont fait mention de ce que le représentant dn peuple Riou en avoit dit à la tribune, où il a protesté avoir fait une lecture très-attentive du mémoire. Il a insisté pour que cela soit envoyé à la Commission des finances, en ce qu'il correspondoit singulièrement avec le code hypothécaire dont on s'occupoit, et le projet de Banque que l'on désiroit, etc. L'examen en a donc été renvoyé de suite à cette Commission, d'où les démarches et les sollicitations n'ont encore pu le tirer. Beaucoup de personnes désirent s'assurer par elles-mêmes, si le titre en est aussi complettement rempli que le représentant Riou l'a protesté à l'Assemblée : cela nous a déterminé à le livrer à l'impression, afin que chacun puisse juger s'il mérite de rester autant de temps sous le poids de l'indiférence qui semble devoir l'anéantir.

Nous invitons chacun à considérer que le temps qui s'est écoulé depuis le mois dernier, fait que certains raisonnemens n'ont plus toute la fraîcheur de l'apropos ; mais cela ne touche point au fond, et nous avons cru devoir le donner tel qu'il est dans les cartons de la Commission des finances, ou dans le porte-feuille de celui à qui elle en a confié l'examen et le rapport.

MOYEN INFAILLIBLE,

1°. De remédier efficacement au défaut du numéraire métallique :

2°. De subvenir promptement aux besoins de l'Etat, quelqu'ils soient :

3°. De payer en totalité les Rentiers, & les Pensionnaires de l'Etat :

4°. De procurer aux Citoyens des facultés qui leur manquent :

5°. De donner au Commerce & à l'Industrie une activité & une assurance qu'ils n'ont jamais eu :

6°. D'anéantir à jamais la détestable usure qui, dans ces temps de calamité, achève de dévorer l'avoir des infortunés :

7°. De paralyser enfin l'agiotage, qui arrache mille bras aux travaux, & qui produit la vacillation de toutes les valenrs.

PREMIÈRE PARTIE,

ou

PRÉLIMINAIRE.

LE Titre que porte cet Ecrit, est sans doute, capable d'étonner bien des esprits, d'en indisposer un certain nombre, d'en

A 2

enthousiasmer quelques-uns, et d'en rendre plusieurs fort attentifs. Nous invitons chacun à se ranger dans la classe de ces derniers, afin de pouvoir juger sainement un objet d'une aussi haute importance.

Le moment est arrivé où tout Citoyen doit, non-seulement présenter ses vûes sur des moyens de finances propres à nous tirer de l'abîme où nous sommes plongés, mais encore exécuter de suite ce qui sera jugé capable de produire cet effet salutaire. Tel est le motif qui anime les collaborateurs du Plan de Finance que l'on présente ici, et qu'ils estiment propre à procurer les avantages que son Sommaire annonce. Ce n'est que d'après un examen et des discutions très-approfondies, qu'ils l'ont enfin adopté, et qu'ils le soumettent au jugement de ceux qui ont droit d'en connoître ; c'est-à-dire, à la République entière ; car c'est s'adresser à elle, que de le présenter à ses fondés de pouvoirs.

Chacun ne sait que trop aujourd'hui que l'animosité, la haine et les machinations ont anéanti la confiance et le crédit, au point que nul, en ce moment, ne croit ni n'espère qu'à ce qu'il voit et à ce qu'il touche ; aussi est-il vrai de dire, que tout expédient où l'on voudra faire jouer un rôle quelconque à la confiance, cessera dès-lors de pouvoir atteindre à son but. Cette vérité bien sentie, est réellement décourageante pour quiconque se figureroit que sans la confiance, il n'est point d'expédient qui puisse réussir.

Nous déclarons nous-même que ce sont toutes les idées qui sortent de ce fond, qui nous ont portés à chercher s'il n'existeroit pas un moyen de se passer de cette confiance; puisqu'il est devenu si difficile de l'obtenir, et du crédit, puisqu'il ne peut pas exister sans elle. Nos recherches, à cet égard, ont surpassé notre attente, et nous assûrons ici avoir obtenu un succès dont nous n'avons osé nous flatter, que lorsque nous avons eu completté toutes les parties du plan que nous allons exposer.

Nous pouvons toujours, par avance, déclarer que nous renonçons à toute espèce de confiance et de crédit; que nous invitons même tous les êtres sensés à ne les considérer plus que comme les emblêmes de la fragilité, et la source de tous les inconvéniens qui minent la prospérité, soit publique, soit particulière. C'est sur ce fond que nous allons entrer en matière.

Nous desirerions développer, sans autre

préambule, ce qui fait le fond de notre objet ; mais nous croyons devoir entrer dans une certaine suite de raisonnemens avant que d'en venir là.

Nous parlerons donc d'abord de l'expédient qu'emploie le Directoire exécutif en évoquant les lumières des hommes les plus instruits, afin d'aviser aux moyens de révivifier le Commerce et les Finances.

Cet expédient correspond merveilleusement à notre objet : cela composera en quelque sorte un tribunal compétent, où toutes les parties de notre plan pourront être analysées dans les plus grands détails, et recevoir tout le jour dont elles sont susceptibles. Nous espérons que les objections auxquelles notre projet pourra donner lieu, nous seront communiquées, et qu'il nous sera accordé de pouvoir y répondre avec les développemens que nous nous abstenons de donner ici. Puissent ces Citoyens éclairés, offrir quelque moyen encore plus efficace que le nôtre, et puisse le Gouvernement n'adopter que celui qui doit conduire au bonheur dont on est si éloigné. Ce vœu part du fond de notre ame, et est aussi vif que sincère.

Une remarque se présente ici à notre esprit : il nous semble que l'expédient du

Directoire , ressemble beaucoup à celui qu'employa le dernier de nos Rois, lorsqu'il demanda une Assemblée des Notables. Cela ne signifiât nullement ce que l'on desiroit, et il produisit enfin ce que peu de personnes pensoient à desirer.

Les Notables du Commerce seront-ils plus heureux que ceux-là ? Enfanteront-ils quelques moyens suprêmes ? Si nous sommes assez heureux pour être jugés avoir atteint le but , consentiront-ils à nous aider de leurs lumières. Nous protestons , dans tous les cas, que ce n'est point dans la vue de rivaliser avec qui que ce soit , que nous présentons ici nos vûes : c'est tout simplement le desir d'être utiles qui nous anime , et c'est afin de prouver cette vérité , que nous renonçons à la vaine gloire de nous en dire nominativement les auteurs. Ce sera un délice pour nous de pouvoir garder l'anonyme le plus parfait, et nous dirons à la fin du présent exposé , à quel degré cela correspond à l'objet en lui-même. Nous souhaitons être représentés par le Citoyen signataire du plan , en ce qu'il est aussi instruit qu'aucun de nous, sur tout ce qui constitue le fond et l'exécution de chacune de ses parties.

Ce Citoyen répond ici, sur sa tête, de déclarer chacun de nous individuellement, lorsque quelqu'évenement de conséquence viendroit à rendre cette déclaration nécessaire pour la réparation de quelque tort réel. De notre côté, nous offrons de même notre existence toute entière, si nous n'exécutons pas avec fidélité, précision et dévouement, l'engagement sacré qu'il prend ici pour nous. Dans le cas de prévarication, nous invoquons la plus grande sévérité des loix, renonçant, dès-à-présent, à toute espèce de clémence. Tel est le serment que nous faisons à la République entière.

Il est bon d'observer que tout ce que nous disons à ce sujet n'a rapport qu'à un assez court espace de temps, ainsi qu'on le verra bientôt, mais il ne nous en paroît pas moins nécessaire.

Pour approcher de notre objet, nous commencerons par observer que le numéraire, qui a repris sa circulation, n'est pas tout celui qui existe dans la France : la crainte, l'avarice, et les combinaisons perfides ou intéressées, en recellent une partie considérable. Ensuite, l'enfouissement qu'en ont fait des gens qui ont péri sous le règne du brigandage et de la terreur : l'exportaon qu'en ont faite les émigrés.............

Mille causes, enfin, ont concouru à en occasionner la rareté.

D'ailleurs, il est de fait que, de tout temps,
la quantité de ce numéraire s'est trouvé être
très-insulfisante pour les opérations du commerce et le courant des affaires ; les billets
de la Caisse d'Escompte, une fois imaginés,
ne suppléoient encore que fort imparfaite-
ment à ce défaut : de sorte qu'il a toujours
fallu une quantité prodigieuse de billets et
de lettres de change, pour représenter le
surplus des valeurs en circulation. De-là, les
banqueroutes, les renversemens, le discré-
dit et la gêne dans les affaires ; de-là, l'en-
gourdissement du commerce, la misère
dans l'Etat, et du tout ensemble, le malheur du peuple.

La Caisse d'Escompte, comme chacun
sait, n'avoit de solidité que celle qu'on a
ordinaire de supposer à des particuliers qui
jouissent d'une bonne réputation, et il faut
convenir, avec justice, que les Administrateurs de cette Caisse la méritoient : c'étoit
de fameux négocians, et des banquiers célèbres, qui avoient toute la loyauté et la solvabilité qu'on peut désirer : mais l'Etat obéré,
les apella à son secours, et lorsqu'on sût
dans la société que le Gouvernement d'alors,

avoit puisé dans la Caisse de cette compagnie des sommes d'une véritable conséquence, l'alarme se répendit au point que l'on couroit en foule afin de parvenir à échanger son papier contre une valeur qu'on se décidoit à ne plus lui attribuer. On disoit bien qu'il étoit absurde de prétendre que la Caisse fût constamment garnie d'autant d'argent qu'il y avoit de son papier en circulation ; que ce seroit-là une valeur immobile qui ne rapporteroit et ne signifieroit rien ; qu'il suffisoit, pour tranquiliser tout le monde, que l'on fût persuadé qu'il étoit beaucoup plus dû à la Caisse, que la Caisse ne devoit ; l'inquiétude avoit un véritable fondement, et bientôt la confiance, absolument épuisée, attira un tel concours, que la Caisse fut obligée de cesser enfin la distribution d'ar-gent, qu'elle ne pouvoit plus continuer. Tout cela produisit des éclaircissemens qui tournèrent au très-grand désavantage du Gouvernement, que des sang-sues étoient parvenues à obérer ; et la Caisse fut fermée.

L'expérience que l'on a enfin acquise, fait qu'il n'est aucun homme conséquent qui ne désirât voir enfin éclore un expédient qui affranchît chacun des dangers que la confiance entraîne presque toujours avec elle ; un expédient d'une solidité inébranlable, par le moyen duquel on puisse dire avec sécurité : je suis assuré de ce que je fais, je le suis d'une manière qui ne dérive point de ma confiance, non plus que du crédit de qui que ce soit ; je le suis enfin à la manière de ce prêteur sur gage qui se dit : voilà le double d'assurance pour une valeur simple, et si-tôt que quelques intérêts seront échus, je me suis muni du droit de vendre, et j'en userai, si l'on ne satisfait pas à l'engagement pris. L'acte est passé, le prêteur et l'emprunteur sont chacun pourvu du titre qui lui donne ou lui conserve ses droits, et ni l'un ni l'autre n'ont besoin ni de crédit ni de confiance, s'il est impossible au prêteur de disparoître avec l'objet ou l'excédent de la valeur prêtée.

Tel est absolument la solidité et la consolante sûreté que comporte le moyen que nous allons développer dans cet écrit. Mais revenons encore, pour un instant, au numéraire ou, pour mieux dire, à sa rareté.

Il est certain que sa trop petite quantité, lorsqu'elle n'est secondée par aucun moyen suffisant, produit toujours la hausse de sa valeur intrinsèque ; il n'est pas besoin de dire beaucoup de choses pour prouver aujourd'hui cette proposition : mais cela n'est bien démontré que par son rapport avec le papier que nous avons ce en circulation, et il faut se prémunir contre un danger infiniment plus grave encore. C'est que sa rareté fera baisser la valeur de tous les objets possibles, à un point que le numéraire deviendra lui seul la valeur réelle, dont il n'est néanmoins que le représentant : alors tout tombera au plus vil prix, et l'Etranger, qui ne manque jamais de spéculer sur une telle circonstance, nous dépouillera, presque pour rien, de tout ce que nous avons de bon, d'estimable et de précieux.

Pour obvier à un inconvénient si funeste, il est nécessaire d'établir un équilibre absolu entre les valeurs en circulation dans le commerce, et la somme de représentation de ses valeurs ; mais il faut bien se donner de garde que cette représentation de valeur ne devienne pas onéreuse, par l'avantage que l'étranger pourroit encore trouver à nous l'exporter. C'est afin d'obvier à cet autre danger que l'on a, depuis un certain temps, imaginé, presque par tout, des papiers d'Etat ou de Compagnie, qui ne risquent jamais d'aller enrichir les voisins par leur seule exportation. Il est une

réflexion importante à faire à ce sujet : c'est
que ce papier nécessite, au contraire, les
achats et facilite toutes les sortes de négo-
ciations ; de manière que le commerce et
les affaires en obtiennent une aisance et une
activité qu'ils n'auroient pas sans lui.

Il résulte de ce qui vient d'être dit, qu'il
est de la sagesse du Gouvernement de ne
point créer une trop grande quantité de
numéraire métallique, et qu'il n'y a au
monde que le papier qui puisse suppléer
au reste.

Rien de tout cela n'est contestable, aussi
lorsqu'un papier se trouve en crédit, et que
tout le monde y a confiance, les affaires
vont-t-elles à merveille, si des motifs d'inquiétude ne viennent pas répendre l'alarme
sur la solidité du papier : ce qu'il y a de
terrible, c'est que ces allarmes sont toujours
la suite de quelqu'événement fâcheux,
qu'elles aggravent et rendent encore plus
sensibles.

Tel est, et tel sera toujours l'effet d'un
papier en crédit, que la seule confiance
soutient ; et c'est là le seul papier qui ait
encore existé jusqu'à ce jour. Malheur à
la Nation que des circonstances orageuses
agitent et troublent, car elle ressemble dès-

lors à une maison de Banque, que l'on voit
à l'instant de subir des pertes considérables ;
la crainte s'empare des esprits ; chaque inté-
ressé cherche à retirer ses fonds ; tout s'a-
gite ; les ressources ordinaires se ferment ;
les demandes les plus pressantes s'accumu-
lent ; le crédit se pert avec la confiance,
et le mal parvient à son comble.

Pour qu'un papier quelconque ne soit
pas sujet à quelques dépréciation, il faut
donc qu'il porte sur quelque chose de plus
solide, que la réputation d'une prétendue
solvabilité, que des inconvéniens sans nom-
bres peuvent anéantir en un instant. Tel
qui paye bien, et qui a toujours bien payé,
peut-être réduit à l'impossibilité de le faire,
soit qu'il se nomme Gouvernement ou qu'il
soit un simple particulier. Ce quelque chose
de plus solide que la bonne réputation,
ce sont les immeubles existant dans un
Etat, où la population est active et nom-
breuse, et c'est ce que la France possède
à un plus haut dégré qu'aucune autre puis-
sance ; tel est l'avantage dont nous voulons
profiter, pour produire tous les biens que
notre titre annonce.

On avoit imaginé, lors de la création des
assignats, de leur donner pour soutient

les propriétés immences des domaines na-
tionaux , et l'ont crût avoir là en effet une
sûreté bien solide : mais cette désignation
vague sembla bientôt à plusieurs , ne pas
offrir une véritable sûreté. Cependant on
effectuoit des acquisitions avec ce papier ,
et les idées rassurantes se soutenoient.

Bientôt les besoins de l'Etat exigèrent une
nouvelle émission de papier , puis une autre
encore , et ainsi de suite ; de manière qu'on
voyoit le signe s'augmenter et l'assurance
diminuer : tout le monde ne sait malheureusement que trop ce qu'il a résulté de
tout cela , et comme c'est du remède qu'il
est essentiel de s'occuper plutôt que de la
description du mal , nous allons nous acheminer vers cet objet.

Afin donc qu'un papier soit en effet tel
que rien ne puisse fonder quelque crainte
sur sa solidité , il faut qu'il soit constamment dans une proportion , bien positive
et bien connue , avec la valeur réelle qu'il
représente ; ensuite , il faut que le débiteur
soit l'égal du créancier , afin que celui-ci
puisse agir avec l'assurance et l'autorité
que son droit comporte. Un Gouvernement
quelconque , est toujours capable , par son
seul titre , de déconcerter la plûpart des

particuliers : tant République que soit un Etat , il est impossible que la chose ne paroisse pas ainsi à un particulier quelconque.

Les Cédules hypothécaires approchent du principe que nous admettons , mais elles n'atteignent point le but qu'il est important de toucher : en outre , c'est que ces Cédules n'offrent qu'une ressource peu considérable. Nous nous permettons ici de le déclarer franchement : sil n'y a que les particuliers débiteurs de l'Etat qui soient dans l'obligation de céduler leurs biens , il ne se trouvera que trop peu de Cédules pour que cela approche du nécessaire ; si les autres y deviennent forcés, l'expédient est dangéreux. L'infortune qui affecte une très-grande partie , indispose le tout, et le Gouvernement ne jouit pas de l'affection ni de la confiance dont le malheur rend toujours très-avare. C'est-là une vérité que les uns croirons dure et les autres despectueuse , mais elle n'est ni l'un ni l'autre ; c'est simplement la vérité , et tout homme éclairé et judicieux en conviendra, s'il veut parler avec franchise.

Il faut, puisque nous en sommes sur ce sujet , faire une déclaration définitive ,

fondée

fondée sur la connoissance que nous avons
de bien des choses : c'est que le Gouvernement a trop d'adversaires en ce moment,
pour pouvoir se tirer, et nous avec lui,
de l'accablante détresse où tout ce qui n'est
pas voleurs, concessionnaires ou agioteurs,
se trouve réduit. C'est la faute de ceux qui
gouvernent, disent les uns ; c'est la forme
même du Gouvernement qui comporte cela,
disent les autres ; et nous leur répondons
à tous, que ce n'est ni l'un, ni l'autre : Il se
trouve ici une nécessité de dire d'où cela
provient, et nous voyons déjà la fureur,
le délire et la rage même, étinceler dans
bien des yeux ; cela ne nous empêchera cependant pas de le répéter, autant de fois que nous
en trouverons l'occasion : oui ! se sont les
adversaires de l'ordre actuel des choses,
qui sont les vrais auteurs de tout le mal
qui existe, de celui même dont tant d'infortunés ont été victimes sous le règne
affreux de l'anarchie : Car sans les excès
auxquels les adversaires dont nous parlons
se sont portés, les excessifs, dans le sens
contraire au leur, ne se seroient sans doute
jamais portés au comble d'abomination où
ils ont été. Une lutte aussi affreuse devoit
nécessairement révolter ceux même qui ne

B

souffroient que de la seule contemplation de ce spectacle d'horreur.

De-là vient que le nombre des adversaires s'est accru, en raison de l'indignation universelle, et de la sensibilité qu'inspire un si grand nombre d'infortunés, et encore, par la vue de l'accroissement de tant de maux. L'aristocrate plein de rage, et l'anarchiste forcené, vomissent des torrens d'imprécations contre ce qui empêche, l'un de vexer ces semblables, et l'autre de renverser l'ordre de toutes choses ; leurs vociférations égarent les foibles, entraînent les malheureux, et il ne reste plus que l'homme, vrai ment homme qui soit encore à même de distinguer les causes d'avec leurs effets. Il entend en gémissant ce concert affreux de plaintes, de déclamations, de sarcasmes et d'injures, dirigés contre ce qu'il seroit de la plus grande importance, pour le bien de tous, de respecter et de défendre.

Que les infortunés, en qui le malheur n'a pas étouffé tout principe de justice et d'équité, y réfléchissent, et ils sentiront combien sont à plaindre ceux qui se trouvent sous le fardeau de haine et d'exécration que le confli des passions, et les horreurs de la misère, entassent sur eux.

Mais, hélas ! comme l'a dit l'ex-constituant Quesnard , dans ses notes sur les personnages célèbres de la révolution Française : » les hommes sont injustes , dit-il ; c'est à » ceux qu'ils voyent les derniers en place » qu'ils demandent compte de tout. Combien » ne leur faut-il pas faire de bien pour faire » oublier le mal que les autres ont fait. »

Si nous sommes justes , nous conviendrons que la multitude des obstacles à vaincre est immence , qu'ils rendent le travail et les efforts presque nuls , et que l'indisposition universelle qu'on rencontre partout , est une cause principale du désordre et de la confusion. L'acheminement au bonheur ne résultera jamais que du rapprochement des principes et du sacrifice des passions.

Dans cet état de choses , dira-t-on , comment le Gouvernement pourra-t-il jamais subvenir au besoin général , et remédier à nos infortunes particulières? Cette inquiétude est fondée : mais de ce que le Gouvernement en est empêché , il n'en résulte pas que la chose soit impossible , et c'est ce que nous espérons prouver, d'une manière bien victorieuse , par le plan seul de l'établissement, qui va faire l'objet de notre seconde partie.

B 2

SECONDE PARTIE.

Caisse-commune de la République Française.

CETTE *Caisse*, ainsi que le comporte son titre, n'appartiendra à personne en particulier ; pas même au Gouvernement : Elle sera la chose de tous. Chaque propriétaire de biens fonds aura le droit d'y puiser, en raison de la valeur de son bien, parce que ce sera la valeur réelle des biens, qui en fera la base et la richesse fondamentale ; ainsi qu'on va être forcé d'en convenir, car la chose sera telle, qu'il s'emblera à chacun, que les terres, les domaines et les maisons de ceux qui y auront puisé, seront réellement dans la *Caisse*, pour y tenir lieu de ce qu'ils y auront pris.

Chaque propriétaire, donc, pourra se procurer ainsi librement, et avec la plus grande facilité, les sommes que ses besoins ou ses vûes, le mettront dans le cas de souhaiter. Il ne s'agira à chacun que d'y déposer toutes les pièces qui justifient de sa propriété : il joindra à cela l'estimation exacte, et bien démontrée fidèle, de la valeur du bien, tant par expert, que par son produit annuel en 1790, des charges dont il peut être grévé, le tout bien certifié par le Bureau des hypothèques. Toutes choses en cet état, il lui sera libre de prendre jusqu'à la moitié de la valeur entière de son objet, lorsqu'il sera franc, d'ailleurs, de toute espèce d'hypothèques ; d'un quart de cette valeur, lorsque les hypothèques seront déjà d'un quart, et ainsi de suite ; de manière que l'hypotèque nouvelle, jointe aux anciennes, n'excèdent pas entr'elles toutes, la moitié de la valeur totale de la propriété.

Ces emprunts purs et simples, puisés dans la *Caisse-commune*, n'emporteront ni l'autorisation, ni l'obligation de vendre l'immeuble, si ce n'est par défaut de paiement des intérêts au bout de chaque semestre ; ce qui pourra durer autant de temps que l'objet conservera sa même valeur, et dans le cas contraire, l'emprunteur ne pourra être tenu qu'à rembourser la différence que la nouvelle estimation aura établie ; s'il ne consent à le faire, et n'exécute pas cette obligation , l'objet entrera , dès cet instant, dans la classe des biens à vendre.

Toutes ces conditions doivent être regardées comme consenties de droit , car pour que la *Caisse-commune* soit réellement impérissable , il est nécessaire que tout concourt à la rendre telle. Lors donc que le dépérissement du gage lui aura fait perdre de sa valeur , et que le propriétaire ne s'exécutera pas de lui-même , sur l'objet de la différence , tel qu'il vient d'être dit , sa propriété sera mise parmi celles qui auront encourues la vente forcée. Il en sera de même pour le défaut de paiement des intérêts.

Cette sorte d'emprunt , tant que rien ne déterminera l'obligation de vendre, ne paiera que quatre pour cent d'intérêt, par année: mais cet intérêt montera à six pour cent , dès l'instant que l'obligation de la vente forcée sera arrivée.

Chacun pourra requérir la vente de son objet , dès le moment même de l'emprunt, et à tous le momens qu'il le désirera ; et dès cet instant , les intérêts seront sur le pied de six pour cent, comme il vient d'être dit , et cela à cause du travail et des sujetions que cette opération exige.

Ces ventes, alors, n'auront rien de forcé, mais on employera des moyens de les faciliter, qui seront dans le cas de les accélérer. Les nouveaux acquéreurs pourront se prévaloir des mêmes avantages, et emprunter à la *Caisse* aux mêmes taux et conditions, pour parvenir à leurs emplettes.

Les vendeurs propriétaires recevront de la *Caisse*, tout ce qui leur reviendra, en sus des hypothèques prélevées, et cela, dès l'instant que la vente sera effectuée, tous frais prélevés ; frais qui seront toujours réduits à leur plus juste valeur, en ce que le notaire, attaché à l'etablissement, recevra des indemnités de la *Caisse*, qui diminueront sensiblement tout ce qui ne sera pas droit de Gouvernement : ces droits sont un objet sacré pour les bessoins de l'Etat, et les opérations de la *Caisse* ne contribueront pas peu à les augmenter.

Le Gouvernement, dont les besoins sont immences en ce moment, trouvera dans la *Caisse-commune* une ressource bien plus étendue que par tout autre moyen possible, et cependant, il n'y sera traité que comme le plus simple particulier. Cette méthode est nécessaire ; car autrement, la *Caisse* seroit bientôt réputée être à sa dévotion, et cela préjudicieroit à l'idée qu'il est nécessaire que l'on en conserve toujours.

Cette vérité est sentie par tous les hommes clair-voyans qui le composent, et c'est dans leurs propres principes que nous abondons, si l'on venoit à nous en faire le reproche. Le Gouvernement donc pourra engager tous les objets destinés à être vendus, qui lui restent; et obtenir sur chaque objet, en particulier, ce que tout citoyen pourroit obtenir, ainsi que son surplus, toute les fois qu'une propriété sera vendue.

Cet objet, joint aux payemens que ses débiteurs se trouveront dans la possibilité de lui faire par leurs emprunts, aussi commodes que faciles, le mettra à même de subvenir largement au nécessaire de tout ce qui reclame sa vigilance et son humanité.

Afin que les infortunés rentiers, ainsi que les pensionnaires de l'Etat, puissent vivre sans maudire leur existence, il est un objet particulier, par l'engagement duquel il deviendra possible de les payer en totalité. Ce que nous allons dire n'est pas que nous ayons en vue d'insinuer au Gouvernement de vendre les forêts nationales, ni que nous voulions l'entraîner dans la nécessité de le faire; ce seroit une vraie perte pour l'Etat,

et nous nous flattons de pouvoir les lui con-
server. Mais le moment comporte l'engagement de ces forêts , non point en bloc ,
mais par parties séparées , de manière à ce
que cet engagement donne une assurance
dont on seroit dépourvu sans cela. Cet objet
mettroit la *Caisse* dans le cas de rendre la
vie aux créanciers de l'Etat , qui gémissent,
sans entrevoir la fin de leur misère.

Nous avons des moyens , déjà tout pré-
parés pour libérer en totalité le trésor public
de tout ce qu'il a de créanciers , de le mettre
par-là au pair avec des revenus qui com-
porteront mêmes des épargnes , et de le
débarasser enfin du joug des sujétions. Mais
ce n'est pas ici le lieu de traiter de cet objet,
et nous revenons à celui que le moment actuel rend le plus pressant.

Tous les objets engagés seront annoncés,
tels par ordre de numéros , dans un *Journal* de la *Caisse-commune* , qui paroîtra
tous les jours. Ceux des biens qui seront
destinés à être vendus , seront annoncés sur
ce pied dans l'article qui leur sera particulier. On accusera la nature , l'origine , la
situation et la valeur estimée de tout objet
à vendre ; et tous les trois mois, une table particulière rassemblera, sous le titre de chaque

département , de chaque commune , ville ,
etc. , les objets qui y sont situés : de sorte
qu'en fournissant aux uns la facilité de vendre , il procurera aux autres d'occasion
d'acheter. Nous dirons plus loin les autres
objets du JOURNAL de la *Caisse*, et **nous**
revenons à la *Caisse* elle-même.

Il existoit encore, il n'y a que peu de temps,
une ressource pour ceux que des besoins pas-
sagers poussoient à bout : c'est le Mont-de-
Piété. On y prêtoit à dix pour cent par année,
et l'on a bien de la peine aujourd'hui à trouver à emprunter à dix pour cent par mois.
La *Caisse*-commune mettra cet établissement dans le cas de reprendre ses opérations,
non-seulement en lui prêtant sur hypothèque, mais encore d'une manière correspon-
dante à son objet : ce qui sera d'autant plus
avantageux pour le Mont-de-Piété , qu'il se
trouvera par-là affranchi de la nécessité de
tenir de très-grand fonds en attente : fonds
dont l'intérêt s'écoule dans l'inaction, d'une
partie souvent trop considérable.

Voilà certainement des utilités de la première importance, fondées sur la solidité la
plus évidente. Rien de douteux ni de hazardé
n'est du ressort des opérations de la *Caisse*-
commune , et tout ce qu'elle fait est de na-

ture à produire les effets les plus salutaires au bien général et particulier : car qui est-ce qui ne comprend pas , d'après tout ce qui vient d'être dit, que les fonds d'une telle *Caisse* seront dans la valeur impérissable du sol même de la France entière ! que c'est le terrein lui-même, et tout ce qui porte dessus, qui sont garants de son irrévocable solvabilité ? En effet , tout cela porte sur les bases éternelles de la nature, dont les objets sont , si l'on veut , viciables , mais jamais susceptibles d'être anéantis.

Nous l'observerons , encore une fois , et avec la même satifaction : la France à cet égard, peut se glorifier , plus qu'aucun pays de l'Europe , de posséder en ce genre des richesses incalculables...... et nous gémirions dans la détresse ! et cela, au milieu des succès éclatans d'une guerre sans exemple ! guerre qui couvrira la Nation d'une gloire sans faste , mais réellement immortelle.

Non , Citoyens, frères et amis ; comme doivent l'être tous les vrais Français ; il ne sera pas dit que notre Nation , au sortir d'une tempête que les furies déchaînées avoient suscitée contre elle , ait restée long-temps sans découvrir le rivage du bonheur qu'elle touchoit de ses pieds. Pénétrons-nous tous de ces sentimens élevés , qui nous ont fait franchir tant d'obstacles : laissons à Albion la pensée désolante , que son sol tout entier , n'équivaut point la somme de ses dettes ; et marchons d'un pas assuré vers le terme de nos maux. Rallions-nous tous d'esprit et de sentiments ; oublions nos haines , nos travers, et ne les regardons plus que comme des erreurs et des illusions que la fougue énergique des passions nous a suscité. Nous prouverons alors, à nos ennemis , que leurs trames perfides , et leur animadversion impuissante , n'ont servi qu'à faire éclater d'avantage , la supériorité que nous avons sur eux. Faisons la paix avec l'univers , excepté avec notre ennemi naturel , si celui-ci persiste à être implacable ; et avisons aux plus grands moyens d'humilier sa présompteuse audace. Nous les trouverons sans peine , ces moyens, lorsque nos maux intérieurs seront calmés.

Que dis-je ! nous les découvrons déjà dans notre courage connu , et dans nos ressources qui ne tarderont pas à l'être. L'ennemi va frémir en apprenant que nous avons découvert un remède propre à multiplier nos forces , et des moyens sans nombre , pour en tirer le plus grand avantage.

Revenons à notre objet. Nul ne peut disconvenir que le signe d'une valeur impérissable, vaut autant que cette valeur elle-même, lorsqu'on peut l'obtenir avec lui, et que pour en venir là, on est affranchi de la nécessité de se mettre aux prises avec un pouvoir dont on se sent l'inférieur. D'après une considération aussi satisfaisante, ce signe authentique doit être accepté comme la chose elle-même, et c'est ainsi qu'il en sera des billets de la *Caisse-commune*. Il en étoit déjà ainsi de ceux de la Caisse d'Escompte dont l'assurance n'étoit fondée que sur une confiance de solvabilité, toujours précaire et probable, comme nous l'avons déjà dit; Mais il est nécessaire d'y insister parce que la fragilité d'une réputation quelconque, n'équivaut, en aucune sorte, la stabilité la plus incontestable: l'une porte toujours quelqu'atteinte à la tranquilité, tandis que l'autre la soutient avec une force vraiment inépuisable.

Nous pouvons donc présager, avec certitude, que ce nouveau papier marchera de pair avec le numéraire, et qu'il en aura la valeur sans en avoir l'incommodité. Mais pour que cette certitude acquiere tous les dégrés de force que les méchans pourroient tenter de lui ravir, nous allons donner des bases d'airain à la solidité elle-même, en évoquant la surveillance des trois manières différentes :

La première sera de la part du Gouvernement, qui devra nommer une Commission telle que sa sagesse le lui sugérera, pour que les comptes de la *Caisse* soient vérifiés et reconnus tous les derniers jours du mois :

La seconde, de la part des Départemens qui seront tenus, par une Loi formelle, de commettre chacun, dans la metropole un fondé de pouvoir qui aura droit d'assister aux séances de l'examen des comptes et de l'état de la *Caisse*, afin d'en informer officiellement ses commettans :

La troisième, de la part des Citoyens qui voudront avoir le même droit : Ceux - ci seront obligés de se pourvoir à la *Caisse* d'une sorte d'actions, qui seront créés à cet effet : ces actions seront au nombre de cent et de la valeur de trois mille livres chaque. N'ul n'aura le droit d'en avoir plusieurs, et ces actions ne pourront être vendues ni commercées : mais lorsque le proprietaire voudra s'en défaire, il la présentera au bureau de la *Caisse-commune* où on lui en remboursera la valeur sur le champ. Ces actions rapporteront quatre pour cent d'intérêt à celui qui en sera pourvu, et l'on peut être bien assuré que ce n'est pas dans la vue de procurer cent mille écus à la *Caisse* que l'on fait cette institution, mais seulement, afin de ne négliger aucun des moyens d'assurance qu'il est possible d'employer.

L'assemblée d'examen et de vérification ainsi compossée, le Directeur général, et es Administrateurs, s'il se peut tous ensemble, présenteront les registres avec leurs résultats, signés et paraphés. Il sera dressé un procès-verbal de chacune de ces séances, dont copie restera au Directeur général de la *Caisse*, et l'original, signé de deux Administrateurs, au moins, serviront aux commissaires pour rendre un compte certifié de l'état de toutes choses, ainsi que le comportera leur mission. Cela sera ensuite publié dans le Journal de la *Caisse*, dès le lendemain, afin que personne n'en ignore, ou ne feigne d'ignorer l'éxactitude et la fidélité constante de toutes les opérations de la *Caisse*. Il n'est guère besoin de prévenir que le travail de vérification sera préparé d'avance avec la Commission, mais ce qu'il

est nécessaire d'ajouter , c'est que les Commissaires qui la composeront, seront person-
nellement responsables de la précision et de
l'intégrité de leur gestion. Nous invocquons
les peines les plus sevères et contre eux , et
contre *nous-même* , pour le moindre fait de
prévarication ; et tout Directeur , Administrateurs généraux , Contrôleurs , Cais-
siers , Trésoriers et Notaires , seront dans
le même cas , en ce que chacune de ces
fonctions est importante à la perfection du
tout.

Il nous échappe souvent de *nous* désigner
comme si nous nous reservions des droits ou
des prérogatives sur l'établissement de la
Caisse-commune : cela est absolument contre
notre intention, et ne provient que de ce qu'il
nous semble qu'il pourra nous être enjoint
d'en monter nous-même l'établissement de
manière à ce qu'il n'ait plus qu'à marcher.
Mais , lors même qu'on exigeroit que nous
les dirigeassions constamment, il est certain
que cela devroit avoir une fin. Il est donc
sage d'aviser , dès cet instant , à ce que la
Caisse-commune de la République , ne soit
exposée à aucune vicissitude. Voici à ce sujet
ce qu'il nous paroîtroit bon de faire.

Nous avons parlé , dans notre deuxième
moyen

moyen de surveillance de la *Caisse*, d'une
députation d'autant d'hommes probres et
instruits sur les matières de Commerce et
de finance qu'il y a de Départements dans
la République : Ces députés formeroient
dans la Métropole un Conseil de commerce
à qui les opérations de la *Caisse-commune*
ouvriroit un vaste champ pour des spécula-
tions immenses dont nous nous proposons
leur offrir les premiers apperçus. Jamais
compagnie des Indes , dans aucun lieu de
la Terre , n'aura approché des moyens de
prospérité que nous avons en vue. Mais
ce n'est pas ici le lieu de traiter de ces parties accessoires à la *Caisse - commune* , et
nous revenons à celle-ci.

Comme chacun des Députés du commerce,
jugés capables par les Départements , devront
l'être en effet, il ne s'agira plus que de les faire tirer au sort, de manière à ce qu'il en sorte
12. ou 15, qui deviendront particulièrement
chargés de la gestion administrative de la
Caisse - commune. Les autres resteront
chargés de la surveillance , ainsi que nous
l'avons dit , et cela conjointement avec la
Commission du Gouvernement , et l'admis
sion des Actionnaires , lors des vérifications
de la *Caisse-commune*.

C

Les 12 , ou 15 , chefs , de l'administration de la *Caisse-commune* devront-être renouvellés par tiers , comme les Conseils législatifs , afin de ne point laisser prendre racine à aucun principe vicieux que l'intérêt pourroit introduire dans l'établissement.

Le moment est , on ne peut pas plus favorable , pour indiquer aux assemblées primaires, communales et électorales ce qu'elles doivent faire à cet égard , et l'on organiseroit de suite, et définitivement, non-seulement la *Caisse-commune* , mais encore la formation d'un Conseil de commerce, propre à éclairer la République entière sur ses plus grands intérêts.

Il nous parroît naturel , de concevoir qu'il résultera de-là un quatrième corps dans l'Etat qui ne devra-être sous la dépendance d'aucun des trois autres, mais sous le joug absolu des Loix qui lui seront imposées : Aussi sera-t-il juste de dire, que la *Caisse commune* sera celle de tous les particuliers de la République , comme la Trésorerie nationale est celle de l'Etat : ces deux Caisses n'auront de rapport entre elles que par les versments de ce qu'elles pourront se

devoir réciproquement, aussi est-il d'un absolue nécessité que la *Caisse-commune* ne
puisse jamais subir le joug d'une autorité
quelconque.

C'est pourquoi il nous paroît important,
pour l'assurance commune, qu'il existe une
Loi, que le législateur imposera sans doute
de son propre mouvement, afin qu'aucune
atteinte ne soit jamais portée à l'indépen-
dance de la *Caisse-commune*, Loi qui mettra
le Pouvoir exécutif, et toutes les parties qui
le composent, dans l'impossibilité la plus
absolue de jamais pouvoir attenter à ses
priviléges, sous quelques motifs ou prétexte
que ce puisse-être, et cela, comme étant un
objet purement nationnal, sur lequel le
Gouvernement ne peut avoir d'autre droit
que celui d'inspection.

Nous espérons tout, à cet égard, de la sagesse des Conseils, et nous ne nous permettons ici que d'indiquer seulement ce qui
nous semble être d'une véritable importance. Revenons donc à quelques détails, dans
lesquels il est nécessaire d'entrer, sur l'or-
ganisation de la *Caisse-commune*.

Les coupures des billets de cette *Caisse-
commune* ne seront point nombreuses, et
nous croyons devoir les réduire à cinq :

savoir ; des *Blilets* de 100 liv. de 200 , 300 ,
500 , et 1000 liv. Il n'en sera jamais fabriqué ni mis en émission , qu'autant que les emprunts hypothécaires l'exigeront , et lorsque les hypothèques cesseront , soit par la vente des objets , soit par le remboursement des sommes prêtées , toutes ces rentrées à la Trésorerie de la *Caisse* y seront sequestrées jusqu'à ce que de nouveaux emprunts en permettent l'usage. C'est ce dont l'exactitude sera constatée lors des vérifications. Ainsi , sans occasionner des frais immences de fabrication , on sera dans la plus grande certitude qu'il n'existera pas plus de papiers en circulation, qu'il n'y aura d'hypothéques réelles.

Nous entendons déjà chacun se demander : combien la gestion d'un tel établissement pourra-t-elle consommer pour ses frais d'exécution ? de combien sera le produit des intérêts, et à qui appartiendra le bénéfice, s'il y en a un ? Nous répondrons, que les calculs à asseoir en ce moment ne peuvent être que probables , et nous les renverrons aux différentes époques de rédditions de compte, général ce qui devra avoir lieu tous les six mois.

Il est néamoins sensible qu'il y aura un

bénéfice très-conséquent, ensus des frais
d'Administration , des frais de Bureau , de
fabrication de *Billets de Caisse* , etc. etc.

L'estimation que nous pouvons faire de
ce bénéfice nous offre un à peu près de
vingt cinq millions par miliard d'emprunt.

Combien admettra-t-on de ces miliards
pour que le papier de la *Caisse* ne soit pas
trop multiplié , et cependant qu'il puisse
completter, avec le numéraire métallique, la
valeur de cette portion des choses commer-
çables qui se trouve habituellement en action ? Nous croyons encore pouvoir estimer
cela à six miliards , y compris le numéraire:
de sorte qu'il nous paroîtroit sage de ne
plus admettre d'hypothéques , lorsque le
papier de la *Caisse* en circulation ! auroit atteint quatre miliards , et il est-très propable
qu'il montera à cette somme en assez peu de
temps.

Voilà donc un bénéfice annuel de cent
milions, qu'il faut bien se donner de garde
d'abandonner à quelques-uns de ces indivi-
dus qui , sous le titre de compagnie , dé-
vorent la substance des choses. Les moyens
d'inspection que nous établissons , détermi-
neront , à sous , mailles et deniers , si ces
bénéfices seront plus ou moins considé-

rables, et la société qui se propose pour
monter et diriger provisoirement cette *Caisse*, et toutes ses opérations, ne demande que
de pouvoir disposer du demi pour cent des
bénéfices pour des objets de bienfaisance
dont elle désire être la dispensatrice.

Quant aux bénéfices eux-mêmes, comme
ils proviennent de la *Caisse-commune* de
la Nation, ils doivent faire partie du bien
commun. Aussi seront-ils versés tous les six
mois dans le Trésor public afin d'y assurer
un fond réel, dont une partie pourra-être
annuellement destinée pour les défenseurs
de la patrie, à qui un milliard de biens
nationnaux n'établit pas un objet assez positif. De cette manière tous les biens nationnaux deviendront libres, et les ressources du Gouvernement beaucoup plus considérables.

Ceci diffère sans doute beaucoup de
tous ces expédiens ruineux qui n'ont ten-
du, jusqu'à présent, qu'à affoiblir les moyens
financiers de l'Etat : Chacun sait que la
seule fabrication du papier monnoyé a coûté
des sommes exhorbitantes, outre que cela
a de plus, compromis et embrouillé toutes
choses de manière que le chaos se trouve
complet sur l'objet même où l'ordre et la
précision sont d'une nécessité absolue.

Le Gouvernement peut, d'après tout cela, engager jusqu'à la dernière bicoque que des propriétés nationales, toujours moyennant hypothèque et intérêt, car il faut qu'il consente à être traité comme le plus simple des particuliers : autrement, l'assurance se détruiroit, et nous tomberions encore dans l'abominable détresse qui, en accablant chacun, a indisposé tant de monde. Que l'aisance renaisse, la félicité en sera la compagne et nul ne s'ingérera plus à systématiser, ni à dénigrer un régime qui est plus fait qu'aucun autre pour procurer le bonheur des humains.

Tous ceux que la misère obsède, et que la crainte trouble crient, de concert avec les adversaires de la République et les ennemis de l'ordre, que tout est perdu : que le Gouvernement, et les particuliers, sont ruinés, et qu'il ne reste plus au Gouvernans qu'à mettre la clef sous la porte pour aller se soustraire à la vindicte publique.

Il n'est qu'un seul expédient au monde pour faire taire les désespérés ; c'est d'offrir aux malheureux le moyen de ne plus l'être, aux travailleurs la récompense qu'ils méritent, et aux ames paisibles la sécurité qui leur manque. Toutes ces choses seront un résultat immanquable du *Plan* que nous venons de tracer.

Il nous reste à invoquer l'urgence et la célérité afin de parvenir promptement à une décision d'une aussi grande nécessité ; car le temps presse malheureusement beaucoup ! Cependant, nous osons assûrer qu'il seroit facile de s'acheminer assez promptement à un meilleur état de choses, et cela sans commotion violente, et même avec ce calme aimable que donne l'espérance aux infortunés : Le moment où nous nous acheminons l'exige d'une manière bien impérieuse, et nous nous félicitons, dans le fond de notre âme, de pouvoir offrir un moyen aussi salutaire.

Nous nous permettrons encore d'inviter les deux Conseils à protéger cet Établissement par quelques Loix dont il a besoin : Nous en avons déjà indiquées quelques-unes, auxquelles nous allons en ajouter deux principales · la première est l'application de la peine capitale à tout contrefacteur, distributeur, etc. des *Billets* de la *Caisse-commune de la République*, en ce que ces *Billets* deviennent un *papier d'Etat* par l'importance dont il ne peuvent pas manquer d'être pour l'utilité publique : la

seconde, est une Loi qui assûre l'unité d'un
tel établissement , non que nous deman-
dions comme l'avoit obtenue , sous l'ancien
régime , le Bureau de la Correspondance,
la fermeture des Bureaux d'agence , de
Commission et même d'écritures : Nous se-
rons toujours très-éloignés de faire obstacle à rien , mais très-empressés à tirer
parti de tout. En outre la *Caisse-commune*
de la République Française , diffère trop
essentiellement de ces petits établissemens
pour leur porter envie.

Si quelqu'un venoit à se figurer que l'u-
nité que nous requérons est la même chose
qu'un privilège exclusif, il se tromperoit
évidemment : D'abord le titre seul de
Caisse-commune de la République , désigne
assez que ce n'est nullement-là l'objet d'un
ou de plusieurs particuliers , et que ce n'est
pas même celui du Gouvernement, mais
celui de la totalité des Citoyens , ou même,
de l'ensemble de toute la République. Il est
vrai de dire que chacun n'aura pas la fonction
de gérer les affaires de la *Caisse* , mais tous
auront le droit d'y prendre part , et de
demander compte de cette gestion : Aussi
n'attendrons-nous jamais que la demande
en soit faite , puisque ce compte se rendra

réguliérement tous les derniers de chaque mois, et qu'ensuite le *Journal* de la *Caisse* promulguera ce résultat , afin que nul n'en ignore.

Disons encore quelque chose pour ceux que quelque distraction auroit pu empêcher de saisir ce que sera réellement la solidité de notre moyen de finance : C'est que rien au monde ne sera capable d'invalider les *Billets* de la *Caisse-commune*. Car lors-même que le Gouvernement , et tous les particuliers viendroient à faire banqueroute , les maisons et le terrein sur le quel nous existons, seroient encore là pour satisfaire , jusqu'au dernier centime , à tout porteur des *Billets* de cette *Caisse*.

Disons, en outre , que lorsque par la quantité des emprunts, la somme des *Billets* en circulation s'élèveroit à des sommes exhorbitantes , ces *Billets* n'en perdroient aucunement de leurs valeurs , en ce qu'ils n'en seroient pas moins les représentans positifs d'objets constans et réellement existans.

Disons enfin , ce qui ce sera sans-doute déjà présenté à bien des esprits durant cette lecture : c'est qu'il est incroyable , pour quiconque peut scruter toute la profondeur d'un moyen aussi puissant, qu'il n'ait encore jamais été employé, dans aucun lieu de la terre. Aussi nous le demandons-nous souvent à nous-même : comment ce peut-il qu'un expédient, qui ressort tout naturellement de l'alliance de tous ceux qui s'emploient chaque jour, n'ait point encore été senti, développé et employé, dans l'ensemble qui le constitue.

C'est pourtant-là le seul qui puisse fournir au commerce, et à toutes les espèces de transactions, l'aisance et la sûreté qui leur manquent presqu'en tout point ! par lui, toutes les valeurs se trouvent, faut-il dire, en action, toutes les opérations d'intérêts se peuvent faire sans *Billets* ni *Lettres-de-change*, lorsqu'il ne s'agit point de correspondance étrangère : par lui, les banqueroutes deviendront presqu'impossibles, car, quiconque ne recevra pas d'autre papier que celui de la *Caisse-commune*, ne risquera jamais, ni retard, ni perte; et même, lorsque cette vérité sera sentie dans toute sa force, il deviendra ridicule de proposer d'autres *Billets* que ceux-là, en ce que celui qui n'en aura pas, pour obtenir ce qu'il désire, sera forcé d'y renoncer et de se livrer, tout simplement à un genre d'industrie qui ne soit pas dans le cas de compromettre la fortune et l'existence des autres.

Il est encore deux monstres, devenus familiers, que la *Caisse commune* ne manquera pas de révolter contre elle : C'est l'*Usure* et l'*Agiotage*, et nous nous attendons à tous les obstacles et à toutes les machinations de la part de ces deux vices, destructeurs du bien général et particulier.

Il n'est personne qui ne sache que l'*Usure* est devenue chez nous, comme dans l'ancienne Rome , une rouille qui s'attache sur tous les méteaux : C'est principalement à eux qu'elle se prend , et si elle ne les détruit pas pour elle même , elle les anéantit inmanquablement pour les autres. Elle absorbe aujourd'hui , en quelques décades , le nantissement le plus solide , et réduit les propriétaires d'effets , toujours précieux, au dénuement le plus absolu. Ce qui fait singulièrement desirer la reprise des fonctions de *Mont de-Piété*, que les principes même de *l'usure* ont suspendues. Par le moyen de cet Etablissement, on pouvoit se procurer le nécessaire pour les besoins instantanés , comme par l'établissement de la *Caisse-commune* , on pourra parvenir aux emprunts les plus concéquens.

L'agiotage pousse encore plus loin que l'*usure* , ces facultés destructives , en ce que, par *l'usure*, les valeurs ne font que changer de mains, tandis que l'*agiotage* les détruit réellément. Durant ces derniers temps, il a arraché mille bras aux traveaux : il a avili et dégradé, non-seulement les objets, mais encore les hommes qui se sont livrés à sa fureur : Il a fait que ce qui vaut aujourd'hui 9, ne vaudra demain que 8, après demain 10, puis 7, 6, 8, 5, 4, et ainsi de suite, jusqu'à rien ; car c'est toujours-là le sort de presque tout ce à quoi la vermine agiotante s'attache.

Résumons-nous à présent, pour nous assurer si nous avons complettement satisfait aux obligations que notre titre nous impose.

1°. Le Moyen, *de remédier éfficacement au défaut de numéraire métallique*, nous paroît démontré, puisque par l'expédient des *Billets de la Caisse-commune*, on se trouvera muni d'une valeur aussi solide que celle de l'argent, et affranchi de l'embarras qu'il cause :

2°. Le Moyen, employé pour procurer à l'Etat les sommes dont-il peut avoir besoin, est d'autant meilleur qu'il ne charge personne, qu'il met le Gouvernement dans la possibilité de jouir de tout ce qu'il a, et lui procure en outre une branche de revenu qui prépare en même-temps un sort avan-tageux pour lui, et pour la République en-tière : Nous sommes ainsi très-persuadés que ce moyen va *subvenir aux Besoins de l'Etat, quelqu'ils soyent :*

3º. Le Moyen *de payer en totalité les Rentiers et les Pensionnaires de l'Etat,* s'effectura par nous-mêmes ; c'est-à-dire, par la *Caisse-commune,* si l'on juge à propos de lui en confier le soin ; Il s'effectura, dis-je, en conservant à l'Etat les forêts qui feront le gage de cette opération. Ce moyen est d'obligation, et de nécessité, pour nous ramener aux principes de *l'honneur et de la Loyauté Française,* dont une infinité de malheurs nous ont forcé de rester éloignés.

4º. Le *Moyen,* de procurer aux Citoyens, jouissans de quelques propriétés, et cela à volonté et presque sur l'heure, les sommes qu'ils auront droit d'éxiger est certainement un *Moyen* de leur *procurer les facultés qui leur manquent,* en ce qu'il les mettra dans la possibilité d'entreprendre et de suivre des affaires auxquelles ils n'auroient pas pu atteindre sans cela.

5º. Le *Moyen* de *donner au Commerce*

(47)

et à l'industrie une activité et une assu-
rance qu'ils n'ont jamais eu, se trouve dans
l'expédient de procurer à chacun les fonds
nécessaires pour agir avec toutes ses forces,
et lorsqu'on ajoute à cela l'expédient de
s'affranchir de la confiance perfide qui oc-
cationne la ruine d'une infinité , de Négocians, l'*Assurance* est alors à un point
qu'elle n'a jamais pu atteindre.

6ᵉ. Le *Moyen* de se procurer , à un intérêt modique, les fonds dont on a besoin ,
garantit de la nécessité de payer de gros
intérêts ; de - là résultera nécessairement
l'*anéantissement de l'usure.*

7°. Le *Moyen* , de procurer au princi-
pal papier, à celui-même qui pourra de-
venir dans la suite , en quelque sorte , l'u-
nique représentant des valeurs , est très-
dans le cas de *paralyser* l'*Agiotage* : Sa
mort ne pourra avoir lieu que lorsque ,
par une suite nécessaire des opérations de
la *Caisse-commune* . nous seront parvenus
à faire rentrer tous les papiers d'Etat. Les
expédiens , que nous nous proposons d'employer , seront de nature à transporter ailleurs toutes les Créances du Gouvernement,
et à procurer , à ceux qui le pourront désirer , des placemens d'une sûreté et d'une
solidité impérissables.

Tous ces *Moyens* réunis, ressortent de celui de la *Caisse commune*, qui en est le centre, et qui à lui seul, doit faire le bonheur de la France entière, consolider la République, et répandre l'aisance, la joie et la félicité, dans l'âme de tous les êtres humains.

Voilà certainement toutes les obligations de notre titre, si ce n'est remplies, au moins développées : C'est-à-présent aux hommes instruits et bien intentionnés à juger de quelle importance l'Établissement que nous proposons peut-être, dans toute état de choses, et principalement, dans les circonstances où nous nous trouvons.

Que tout Français, dont l'âme n'est pas gangrenée par la manie des systêmes, ou par quelque passion effrénée, et en qui la raison a conservé son empire, se félicite en apprenant que sa patrie est réellement sauvée, par autre chose que le massacre et la destruction de ses Concitoyens : et qu'ainsi les ennemis de la France se trouveront réduits à l'admirer plutôt qu'à lutter contre elle, puisqu'elle peut se présenter à eux comme un rocher inexpugnable, qu'aucun effort ne sauroit renverser.

Encore un mot à notre sujet.

(49)

Lorsque nous avons dit, dans le commencement de ce petit écrit, que nous désirions garder l'anonyme, c'est qu'il est nécessaire, pour le bien même de la chose, que son institution ne soit due à personne. La grandeur ou l'excellence du *moyen* est de nature à nous attirer, ou des amis trop zélés, ou des ennemis affreux. Cela n'apporte cucun obstacle à l'exécution, puisque nous nous engageons à y obtempérer, mais sans que notre personnel soit obligé de s'exposer à une interprétation quelconque. Nous finirons donc par protester, que le zèle le plus actif, et la vigilance la mieux combinée, ne se ralentiront point en nous par les obstacles que nous pourrons rencontrer. C'est ce que nous signons tous, par la seule main de celui qui nous représente.

Ce 28 Frimaire, an V.

NOTE DE L'ÉDITEUR.

Le Signataire lui-même, à invité le Conseil à vouloir bien ne considérer son nom que comme un objet de nécessité, de sorte que l'on s'abstient de le mettre ici. C'est la chose effectivement, qu'il est important de juger, et non le mérite ou la capacité de ses auteurs.

D

POST-SCRIPTUM.

Il nous a été adressé, le 6 du présent mois, au sujet de ce petit écrit, dont plusieurs personnes d'entre nous ont donné communication à diverses personnes. Il nous a été adressé, dis-je, une *Lettre prophétique*, (c'est le titre qu'elle porte), dont les pronostics semblent déjà se réaliser. L'auteur que nous ne devinons pas, paroît pénétré des mêmes sentimens que nous, et lorsqu'il voudra être de notre association, il lui suffira de se faire connoître à celui qui est chargé de nous représenter dans cette affaire. On imprime en ce moment cette *Lettre prophétique*, d'après le vœu que l'Auteur en a manifesté, et nous lui témoignons, dès-à-présent, notre reconnoissance, non pas sur les éloges qu'il fait de notre MOYEN INFAILLIBLE, mais sur le travail qu'il a bien voulu faire à son sujet.

Nous en disons tout autant à tous ceux qui s'en occuperont, soit qu'ils développent ou démontrent nos erreurs, soit qu'ils approuvent nos vues, nos moyens, ou nos efforts : c'est le bien que nous voulons et non cette gloriole insupportable qui nuit partout où elle se rencontre.

Nous croyons devoir ajouter encore ici que nous avons remis le 12 de ce mois, au Représentant du Peuple *Gilbert des Molieres*, qui semble particulièrement chargé de l'examen de notre objet, un Plan particulier de la *Caisse-commune*. Ce Représentant a bien voulu se charger de le remettre ce même jour à la Commission des finances dont il est membre, et nous en attendons le résultat, ainsi que celui du mémoire.

Nous ferons imprimer ce *Plan* à la suite de la *Lettre prophétique* dont nous venons de parler. Ce qu'on vient de lire est le tableau coloré, où l'aspect offre à l'imagination l'occasion de s'étendre aux extrémités qu'elle peut atteindre, tandis que le *Plan* n'est, à vrai dire, que la circonscription de chacune de ses parties.

Mais comme cette circonscription donne un positif absolument nécessaire dans les affaires d'intérêt, cela nous a déterminé à en faire un tableau tel que nous l'annonçons. C'est presque l'écorché de la figure colossale que nous appellons ici *Moyen infaillible de prospérité publique et particulière*.

Le temps qu'il a fallu pour nous décider à l'impression de ce Mémoire, conséquemment à ce que nous l'avions soumis, au jugement du Conseil des Cinq-Cents, le temps encore que des circonstances bizarres ont apporté à l'exécution de cette impression, tout cela nous a conduit jusqu'à ce moment où la déclaration des Députés extraordinaires du Commerce vient définitivement de paroître. Cette déclaration porte qu'aucun projet de *Banque* ne leur paroît admissible dans les circonstances où se trouve la République.

Cela correspond parfaitement avec l'idée

que nous en avions, quoique nous nous soyons abstenus de le déclarer ouvertement. Cet objet n'étoit pas le nôtre : il étoit celui de la députation, et nous l'avons en quelque sorte respecté, en ne le touchant que de fort loin.

La *Lettre prophétique*, dont nous venons de parler, traite de cet objet, et nous y renvoyons ceux qui aiment à ne juger qu'avec connoissance de cause. On y analyse le projet de *Banque* proposé par le Citoyen GRUYER, député du Commerce de Bruxelles, et les *propositions* qu'on attribue à l'Assemblée entière des Députés. Nous desirons que l'on fasse une pareille analyse de la *Caisse-commune* que nous proposons, et celà afin de nous assûrer s'il ne seroit pas possible de découvrir des inconvéniens ou des imperfections, que notre propre sévérité n'a encore pu nous présenter.

On invite chacun à ne faire aucun cas des exemplaires de cet Ecrit qui ne seront point signés L. D. SINGULOS : *on a de bonnes & de fortes raisons pour donner cet Avis.*

Fini d'imprimer le 2 Pluviose , an V.